D1035831

SQUANTO Y EL PRIMER DÍA DE ACCIÓN DE GRACIAS

SQUANTO Y EL PRIMER DÍA DE ACCIÓN DE GRACIAS

POR JOYCE K. KESSEL

ILUSTRACIONES DE LISA DONZE

ediciones Lerner/Minneapolis

La edición en español fue realizada por un equipo de traductores hablantes nativos del español de translations.com, empresa mundial dedicada a la traducción.

ediciones Lerner
Una división de Lerner Publishing Group, Inc.
241 First Avenue North
Minneapolis, MN 55401 EUA

Dirección de Internet: www.lernerbooks.com

Library of Congress Cataloging-in-Publication Data

Kessel, Joyce K.
    [Squanto and the first Thanksgiving. Spanish]
    Squanto y el primer día de acción de gracias / por Joyce K. Kessel ; ilustraciones de Lisa Donze.
    ISBN 978–0–8225–7792–8 (lib. bdg. : alk. paper)
    1. Thanksgiving Day—Juvenile literature. 2. Squanto—Juvenile literature.
3. Wampanoag Indians—Biography—Juvenile literature. [1. Squanto. 2. Thanksgiving Day. 3. Pilgrims (New Plymouth Colony) 4. Wampanoag Indians—Biography.
5. Indians of North America—Massachusetts—Biography.] I. Donze, Lisa. II. Title.
GT4975.K4718 2008
394.2649—dc22   2007006309

Fabricado en los Estados Unidos de América
1 2 3 4 5 6 – DP – 13 12 11 10 09 08

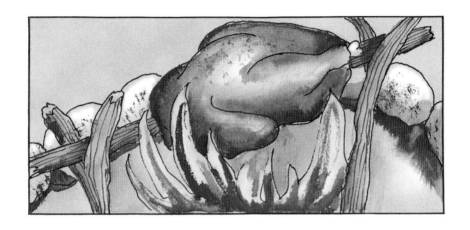

A Ric, Allison y Sean
—J.K.K.

A mi madre y mi padre
—L.D.

Durantes miles de años, la gente
ha reservado días especiales
para dar gracias.
En los Estados Unidos,
el Día de Acción de Gracias se celebra
desde hace más de 350 años.
¿Cuál es su origen?
Casi todos piensan que comenzó con
los padres peregrinos de Nueva Inglaterra,
o primeros colonizadores.
Pero en realidad todo comenzó con
un indio patuxet llamado Squanto.
Sin Squanto, los peregrinos nunca
habrían festejado su primer
Día de Acción de Gracias.

La tribu patuxet
vivía cerca del lugar
que luego se llamó
Plymouth, en Massachusetts.
Allí, esta tribu cultivaba maíz
y cazaba animales salvajes.
Era una tribu amigable y pacífica.

9

Luego, un barco inglés llegó

a Plymouth a principios del siglo XVII.

Estos ingleses eran exploradores

y buscaban riquezas.

Esperaban encontrar oro o plata,

pero lo único que encontraron fue

maíz e indios.

Los ingleses no conocían el maíz,

y no sabían qué hacer con él.

Pero creyeron saber qué hacer

con los indios:

los venderían como esclavos.

Fue entonces que los ingleses capturaron
algunos hombres de la tribu patuxet,
los subieron a su barco
y los llevaron a Inglaterra.
Squanto era uno de esos hombres.

En Inglaterra,
Squanto tuvo que aprender
a hablar inglés.
Tuvo que trabajar mucho.
Pero estaba acostumbrado
al trabajo duro.

En Plymouth, los inviernos eran
largos y fríos.
A veces, Squanto pasaba hambre
todo el invierno.
Luego, durante el resto del año,
los bosques de su hogar
se llenaban de bayas
y animales salvajes.
Pero incluso cuando tenía hambre,
allá Squanto era libre.

Squanto extrañaba su hogar.

Soñaba con su pueblo

y con su tierra libre y silvestre.

Su amo notó que Squanto

no era feliz.

Y sintió pena por su esclavo.

así que finalmente, lo liberó.

En 1614, el capitán John Smith zarpó

hacia el Nuevo Mundo.

Squanto fue con él.

Al fin regresaría con su pueblo,

aunque no por mucho tiempo.

El Capitán Smith volvió a Inglaterra.

Pero dejó atrás uno de sus barcos,

cuyo capitán se llamaba Thomas Hunt.

Hunt le compraba mercancías

a los patuxets.

Llenó su barco con pescados

y pieles de animales.

Pero Hunt era codicioso.

Quería ganar más dinero del que obtenía

con los pescados y las pieles.

Entonces, llenó parte de su barco

con hombres patuxets.

Squanto fue capturado nuevamente.

Apenas había pasado

unas semanas en su hogar

cuando de nuevo volvía a cruzar el océano.

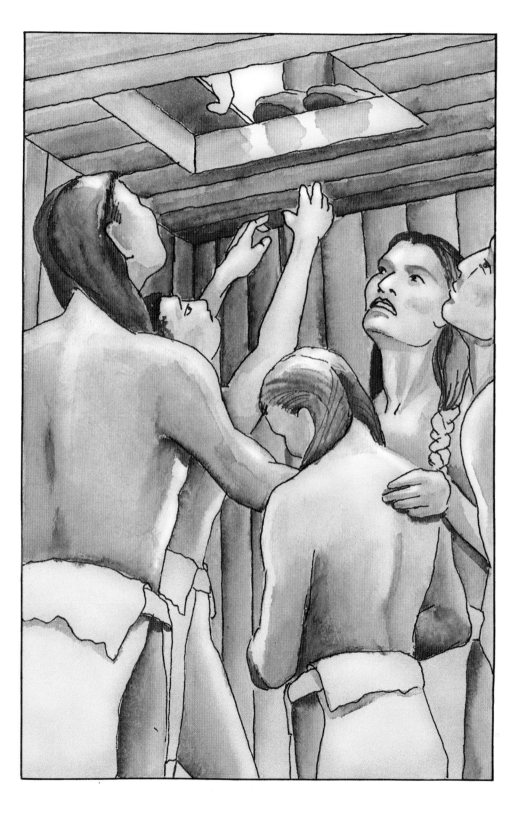

Hunt sabía que el capitán Smith

se enojaría con él

por capturar patuxets.

Entonces,

en lugar de venderlos en Inglaterra,

Hunt los vendió en España.

Los nuevos amos de Squanto
eran monjes católicos,
que le enseñaron la fe cristiana
y fueron amables con él.
Pero Squanto estaba más triste
que nunca.
Todo lo que deseaba era su libertad.
Finalmente, los monjes tuvieron
piedad de él
y lo ayudaron a llegar a Inglaterra.

En Inglaterra, pudo encontrar un barco

que iba a los Estados Unidos.

¡Por fin volvía a su hogar!

Pero cuando llegó,

encontró algo muy triste.

Squanto recorrió

las aldeas patuxets

sin poder creer lo que veía.

Sólo había chozas vacías.

Los maizales estaban negros y secos.

Toda su gente había desaparecido.

Squanto era el único patuxet vivo.

¿Qué había sucedido?

Los indios de una tribu vecina

se lo contaron.

Los barcos que llegaron de Inglaterra

habían traído gérmenes de viruela.

La viruela era una enfermedad nueva

para los patuxets.

Cuando se enfermaban,

morían rápidamente.

La enfermedad los había aniquilado.

Después de tantos años de añorar su hogar,

Squanto lo había perdido.

Se quedó a vivir con la tribu vecina.

Los peregrinos llegaron a Plymouth
el 21 de diciembre de 1620.
Hacía un año que Squanto había regresado.
Los peregrinos eran ingleses que
habían dejado Inglaterra en busca
de un nuevo hogar
donde pudieran profesar su religión.
Tuvieron suerte
de desembarcar en Plymouth,
ya que los indios allí le temían a la viruela
y no lucharon por su tierra;
sólo los observaron desde lejos.

Los peregrinos vivieron tiempos
muy difíciles.
No sabían sembrar.

No sabían construir
y sus pequeñas casas hechas de barro,
arcilla y palos eran frías.

No estaban acostumbrados al frío
ni tenían muchos alimentos.
La mitad de ellos murieron durante
su crudo primer invierno.
En la primavera de 1621,
sólo quedaban 55 peregrinos.

Fue entonces cuando Squanto
decidió ayudarlos.
Como sabía hablar inglés,
podía explicarles qué debían hacer.
En 1621, Squanto fue a visitarlos.
Después de su primera visita,
nunca los abandonó.

Squanto les enseñó a los peregrinos

cómo encontrar animales para cazarlos

y alimentarse de ellos.

Les enseñó a construir casas cálidas.

Los ayudó a hacerse amigos de

los indios de la zona.

Squanto les enseño a los peregrinos

a sembrar.

Les dijo que observaran las hojas

que brotaban de los árboles.

Cuando fueran del tamaño

de la oreja de una ardilla,

el maíz podía sembrarse.

Le enseñó a las mujeres peregrinas

cómo cocinarlo.

Squanto y los peregrinos
trabajaron mucho
toda la primavera y todo el verano.
Ese otoño,
los peregrinos tuvieron una buena cosecha.
Gracias a la ayuda de Squanto,
tendrían suficientes alimentos
durante el invierno.
También tendrían casas cálidas.

Los peregrinos querían celebrar
para dar gracias.
Entonces decidieron
dar un festín.
Pidieron a Squanto que invitara
al cacique indio llamado Massasoit
a su cena.
Pensaron que Massasoit vendría
con algunos indios.

Las fiestas de Acción de Gracias
no eran nuevas para los indios.
Sus fiestas se llamaban
la Danza del Maíz Verde
y eran un gran festín.
Así que Massasoit llevó 90 personas
a la cena de Acción de Gracias
de los peregrinos.
Los peregrinos se sorprendieron mucho,
pero intentaron disimularlo.
Eran 55 peregrinos y 92 indios.
¡147 personas en total!
Los peregrinos no estaban seguros
de tener suficiente comida para todos.
¡Había mucho por hacer!

Durante tres días, las mujeres
no hicieron más que cocinar.

Cuando el día de la fiesta llegó,
todo estuvo listo.

¡Qué gran festín!

Los indios habían traído cinco ciervos,

que las mujeres hicieron en guiso.

Además, asaron pavos,

gansos y patos.

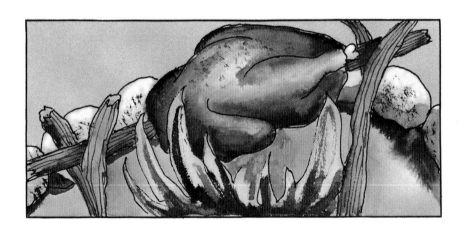

Cocinaron langostas, anguilas, almejas, ostras y pescados.

Hicieron galletas y pan y cocinaron maíz para hacer pan de harina de maíz.

Hirvieron maíz con melaza
para hacer budín indio.
Había fruta seca
para todos.

Las bolas de palomitas de maíz
son un invento de los indios de esa zona.
Así que es posible que ese día también
comieran bolas de palomitas de maíz.

Generalmente, los peregrinos pensaban
que los juegos eran una pérdida de tiempo.
Pero ese día se permitieron jugar.
Los hombres hicieron concursos y
saltaron, brincaron y corrieron carreras.

Todos demostraron sus habilidades.
Los peregrinos desfilaron,
los indios arrojaron flechas
y todos comieron hasta que no
pudieron más.

¡Cuánta felicidad hubo ese primer
Día de Acción de Gracias!
Los peregrinos tenían casas nuevas y cálidas,
amigos nuevos y mucho alimento.
Sabían que podrían sobrevivir
el próximo invierno.
Y nada de esto habría pasado
sin la ayuda de un indio patuxet
llamado Squanto.

Epílogo

Las cosas no resultaron tan fáciles como parecían ese primer Día de Acción de Gracias. El invierno siguiente fue todavía peor que el primero para los peregrinos. Luego llegaron a Plymouth tres barcos más con cientos de personas, pero nada de alimento. La cosecha de 1622 no fue buena y por eso no hubo Acción de Gracias ese año. La Acción de Gracias se celebró nuevamente en 1623, pero en julio, para agradecer por la lluvia.

Durante años, no hubo un día oficial de Acción de Gracias. Se celebraba cuando la gente quería. Luego, en 1864, el presidente Lincoln designó el último jueves de noviembre como el Día de Acción de Gracias oficial de los Estados Unidos. En 1939, el presidente Roosevelt lo cambió al tercer jueves. Y en 1941, regresó a celebrarse el último jueves.